Annette Seemann

Der Brand der Herzogin Anna Amalia Bibliothek in Weimar

2. September 2004

Inhaltsverzeichnis

Die Erkenntnis des Notstands nach 1991

Im »Blaubuch« von 2002, herausgegeben von Paul Raabe, warnte der Autor, dass gerade die bedeutenden ostdeutschen Kulturdenkmäler in Gefahr seien wegen lange versäumter Sanierungs- und Sicherungsmaßnahmen. »Kultureller Leuchtturm« nannte er Einrichtungen von »Einmaligkeit oder Besonderheit ihrer Anlagen, Bauten oder Ensembles« bzw. solche, die sich durch die »überregionale Bedeutung, die Größe oder die Einmaligkeit ihrer Bestände und Sammlungen auszeichnen.« Er mahnte dringlich zahlreiche bislang nicht erfolgte Sanierungen an.

Weimar hatte von Investitionen nach 1990 profitiert: Seit dem Beginn der 1990er-Jahre erhielt es mit der Entscheidung, europäische Kulturhauptstadt 1999 zu werden, erhebliche Gelder für Sanierung und Ertüchtigung von Gebäuden und Infrastruktur und entwickelte sich enorm.

Die Stiftung Weimarer Klassik (heute: Klassik Stiftung Weimar), eine öffentlich-rechtliche Stiftung seit 1991, wurde zum Brandzeitpunkt jährlich mit 57 Millionen DM unterstützt. Die Herzogin Anna Amalia Bibliothek war und ist Teil des von der Stiftung verwalteten und zu erhaltenden klassischen Erbes. Aber es kam zu Friktionen: Der nach der Wiedervereinigung eingesetzte Bibliotheksdirektor Dr. Michael Knoche mahnte zwar bereits Anfang der 1990er-Jahre einen Erweiterungsbau (heute: Studienzentrum der Herzogin Anna Amalia Bibliothek) samt Tiefmagazin mit Verbindung zum ebenfalls zu sanierenden historischen Bibliotheksgebäude an. Diese Maßnahme war aber nicht im Rahmen der vorhandenen Gelder zu realisieren: Die Errichtung des Neubaus hätte damals 23,4 Millionen DM, die Restaurierung des historischen Bibliotheksgebäudes wiederum 9,1 Millionen DM gekostet. Dieses anspruchsvolle Projekt wurde erst Ende der 1990er-Jahre in die mittelfristige Planung der Klassik Stiftung Weimar aufgenommen. 4,5 Millionen DM waren als Sponsorengelder ausgewiesen. Hierzu zählten auch die über eine Kampagne der Frankfurter Allgemeine Zeitung ab 1. Dezember 1998 bis zum 25. Mai 1990 durch ca. 20 teils ganzseitig platzierte Aufrufe, flankiert durch vier kurze Sendungen des Fernsehsenders 3sat, eingeworbenen Gelder von insgesamt 1,3 Millionen DM. Zumeist waren es Kleinspenden, die größte stammte von der Hermann-Reemtsma-Stiftung (50.000 DM).

Ein anonymer Sponsor aus der Schweiz war bereit, einen Fonds von 10 Millionen DM zugunsten der Herzogin Anna Amalia Bibliothek aufzulegen. Die Zinsen sollten der Beschleunigung des Baufortschritts, Restaurierungen des historischen Buchbestands sowie dessen Ergänzungen durch antiquarische Erwerbungen dienen. Die letzten beiden Kernaufgaben waren bislang nur unzureichend durch die öffentliche Förderung gewährleistet. Der Fonds unterstützt die Bibliothek bis heute.

2002 wurde schließlich der Grundstein für das Tiefmagazin der erweiterten Herzogin Anna Amalia Bibliothek unter dem Platz der Demokratie in Weimar gelegt und 2003 Richtfest gefeiert. Nachdem das Tiefmagazin voll funktionsfähig wäre, sollten alle Buch- und Manuskriptbestände, die sich im Historischen Gebäude befanden, zunächst im Tiefmagazin zwischengelagert werden, sodass die Sanierung des historischen Gebäudes begonnen werden könnte.

Ein kluger Plan, und das Geld stand zur Verfügung, war doch das gesamte Ensemble der Gebäude und Sammlungen der Klassik Stiftung Weimar 1998 in die Liste des Weltkulturerbes der UNESCO aufgenommen worden. 2002 stand auch die Fusion der Klassik Stiftung Weimar mit den Weimarer Kunstsammlungen kurz bevor, die 2003 erfolgte, was einer Bündelung aller Bestände Weimars großen Auftrieb gab.

Gonzalo Vitón García

Die Bibliothek vom Park aus gesehen, Sommer 2022.

Es bleibt zu konstatieren, dass das Gebäude, die schützende Hülle für die Bücher der Bibliothek, im gesamten 20. Jahrhundert fatalerweise keine grundlegende Sanierung erfahren hatte.

Wikipedia

Plan von Weimar Maßstab 1:18500 aus Meyers Reiseführer, Wegweiser durch Thüringen von Anding und Radefeld, 12. Auflage, Bearbeitet unter Mitwirkung des Thüringerwald-Vereins. Bibliographisches Institut Leipzig und Wien 1894. Hier wird die Bibliothek zwar gekennzeichnet, aber noch nicht unter den Sehenswürdigkeiten geführt.

Die Bedeutung der historischen Buchbestände

Ohne ihre einzigartigen Bestände wäre die Herzogin Anna Amalia Bibliothek niemals in die A-Klasse des UNESCO-Welterbes aufgenommen worden. Dazu erneut Paul Raabe: »Unter den 900.000 Bänden gibt es 277.000 Drucke des 16. und 17. Jahrhunderts. 2.000 mittelalterliche Handschriften, 1309 Inkunabeln; geschlossene Privatbibliotheken von Goethe, Achim von Arnim, Nietzsche; Spezialsammlungen zu Shakespeare, Faust.«

Ergänzt werden müssen weitere wertvollste Werke, zum großen Teil Unikate (Stand 2002): Die Privatbibliothek Franz Liszts, die Bibelsammlung mit 600 alten Bibelausgaben, die Sammlung der Flugschriften der Reformation, die nahezu geschlossene Sammlung der Schriften der *Fruchtbringenden Gesellschaft zur Reinigung der deutschen Sprache* (17. Jahrhundert), dazu die Quellenbestände aus der Zeit 1750–1850 mit der fast kompletten Sammlung von Originalausgaben und ein großes Korpus ausländischer Literatur auch aus vielen Sachgebieten aus diesem Zeitraum, insbesondere französischer Literatur, Almanache, Kalender und Taschenbücher sowie die weltweit größte Stammbuchsammlung, obendrein die wertvolle Sammlung von 7000 historischen Landkarten und mehrerer alter Globen, dann Herzogin Anna Amalias persönliche Sammlung von Noten wie auch die Musikaliensammlung Maria Pawlownas. Diese Bibliothekssammlung mit umfassenden Beständen für den Zeitraum 1750–1850 samt Sondersammlungen ist einzigartig.

Doch nicht nur Bücher weist der Rokokosaal auf. Seit 1775 wurde der Raum innerhalb dreier Generationen von

Weimarer Herrschern immer stärker als ein »Schaubild der Weimarer Klassik« inszeniert, indem Büsten und Portraits von Persönlichkeiten des Weimarer Geistes- und Kunstlebens hier aufgestellt wurden.

Wikipedia Hajotthu

Jean David D'Angers (1829) J. W. von Goethe in der Herzogin-Anna-Amalia-Bibliothek.

Der Brand

Am 2. September 2004 verbrannten 60.000 Bücher und Musikalien im Historischen Gebäude der Herzogin Anna Amalia Bibliothek. Weitere 60.000 Bücher wurden von Löschwasser durchnässt oder von Brandschäden beeinträchtigt. Eine Rettungsaktion nationalen Ausmaßes kam in Gang. Was war geschehen, wie verlief die Rettungsaktion?

Am 2. September um 20:29 Uhr wurde der Bibliotheksdirektor Dr. Michael Knoche informiert, dass die Bibliothek brenne, Rauch aus den Dachgauben entweiche. Der Stiftungspräsident Hellmut Seemann wurde ebenfalls informiert. Beide kamen unmittelbar zum Ort des Geschehens, die Feuerwehr war bereits vor Ort. Seit den 1990er-Jahren existierte in der Bibliothek eine Brandwarnanlage, aber kein Brandlöschsystem.

Unmittelbar wurde der durch den Brand herbeigeeilten Bevölkerung Weimars die Verwundbarkeit des historischen Kulturguts und des historischen Gebäudes deutlich. Die Bilder aus der Brandnacht, die über die Bildschirme liefen, erzeugten sofortige Solidarität der Bevölkerung in ganz Deutschland und darüber hinaus. Die Kontonummer des ein Jahr zuvor gegründeten Freundeskreises der Bibliothek, der Gesellschaft Anna Amalia Bibliothek e.V., die zu diesem Zeitpunkt 61 Mitglieder zählte, wurde in dieser Nacht im Fernsehen eingeblendet: Die Menschen reagierten, spendeten dem Verein oder spendeten alternativ der Klassik Stiftung Weimar oder der Herzogin Anna Amalia Bibliothek. Allein die Gesellschaft Anna Amalia Bibliothek e.V. erhielt in der Folge insgesamt 1, 7 Millionen Euro.

Der Benachrichtigungsplan für Katastrophenfälle war abgearbeitet worden, die Polizei sperrte parkseitig das Gelände ab. Erste Flammen wurden aus dem Dachstuhl des Gebäudes sichtbar.

IMAGO 0050792181

Löschfahrzeuge im Einsatz.

Fünf Wochen später wäre das Gebäude beräumt gewesen, wären alle historischen Buchbestände im neuen Tiefmagazin unter dem Platz der Demokratie sicher und in bestem Klima zwischengelagert gewesen. Die geplante Restaurierung des Gebäudes hätte beginnen können.

Mitarbeiter der Bibliothek und Freiwillige brachten nun auch Kunstwerke, Büsten und Gemälde aus dem Gebäude. Das Speditionsunternehmen Huck Finn lieferte Hunderte von Umzugskisten an, eine spontane Solidaritätsaktion, wie sie noch oft folgen sollte. Gegen 21.10 Uhr erfolgte die so genannte Durchzündung: Wie in einer Explosion schossen die Flammen durch den Dachstuhl nach oben, damit verbunden flogen unzählige versengte Buchseiten in die Nacht, die vom Wind getrieben bis in weit entfernte Stadtviertel gelangten. Der Thüringer Kultusminister, Jens Goebel, war angereist, es gab eine erste Lagebesprechung zwischen ihm, der Feuerwehr, dem Stiftungspräsident Hellmut Seemann und dem Bibliotheksdirektor Dr. Michael Knoche. Nördlicher und südlicher Anbau an das Bibliotheksgebäude, beide mit Brandmauern abgetrennt vom Kerngebäude, waren bislang gesichert. Aber der Rokokosaal und mit ihm das ganze Renaissancegebäude waren in Gefahr. Die Decke des Gebäudes galt als einsturzgefährdet, weshalb alle Helfer mit Ausnahme der Feuerwehr sofort das Gebäude verließen. Der Verlust zahlreicher Bücher und Kunstwerke war vorgezeichnet.

Der Bibliotheksdirektor wollte ein kostbares Werk noch retten, das sich im zweiten Stockwerk befand: die Luther-Bibel, Altes und Neues Testament gemeinsam, zwei Bände, das Weimarer Exemplar der Ausgabe von 1534 mit den kolorierten Holzstichen aus der Cranach-Werkstatt. Der Bibliotheksdirektor und der Einsatzleiter der Feuerwehr eilten in den jetzt komplett dunklen Rokokosaal. Die beiden Bände wurden gefunden, dazu noch die ersten Drucke des Neuen Testaments in Luthers Übersetzung von 1522. Alles erfolgte in wenigen Minuten.

Hinzugekommene Baustatiker erklärten sodann den Feuerwehrleuten, dass die Holzbalkendecke aus dem 16. Jahrhundert, über der das Feuer ausgebrochen war, nicht in den nächsten Stunden einstürzen werde. Da sich das Feuer tatsächlich nicht weiter ausbreitete, durfte die Evakuierung der Bücher danach fortgesetzt werden. In einer Menschenkette geschah dies. Freiwillige schlugen die nassen Bände in Folie ein.

Manfred Hamm

Löschschaum und Brandschutt auf dem Dielenboden im inneren Oval, 3. September 2004.

Der Rokokosaal der Herzogin Anna Amalia Bibliothek, Ausstattung und Funktion

Den Rokokosaal entwickelte Herzogin Anna Amalia ab 1761 selbst mit den beiden aufeinander folgenden Architekten Schmid und Straßburger. Die Einmischung einer Frau, wenngleich Fürstin, in ein Bauprojekt war damals unüblich. Doch die Herzogin kannte aus eigener Anschauung die damals europaweit berühmte Wolfenbütteler Bibliothek, die, wie später in Weimar, Büsten und Bücher in einem Rundbau vereinte und öffentlich zugänglich war. Darum ging es der Herzogin auch für Weimar: Bildung zugänglich zu machen. Ihr Projekt war also in heutiger Sicht ein kulturpolitisches.

IMAGO / Jürgen Ritter 0096349206

Der Rokokosaal, 2020.

Die Idee, im Weimarer Schlösschen eine »ovale Schachtel« aus Holz über mehrere Galerien einzubauen, kam von Baumeister Schmid. In der Überarbeitung durch Straßburger wurde dem aufwachsenden Bedarf an Regalfläche Rechnung getragen, alle Regale sollten von zwei Seiten bestückt werden können.

In mehreren Aspekten war der Raumeindruck jedoch damals anders als heute, denn das Grüne Schlösschen war viel kleiner, weder der südliche Anbau mit Verbindung zum Stadtturm existierte noch der nördlich gelegene Coudrayanbau. An der Nord- wie an der Südseite des Rokokosaals gab es Fenster. Dadurch ergab sich der Eindruck eines lichtdurchfluteten Gebäudes: Die Lichtmetapher wurde außerdem symbolisch benutzt: Man befand sich im Zeitalter der Aufklärung, auf Französisch: »le siècle des lumières«, das Zeitalter des Lichts, was durch den lichtblauen Wandanstrich des Rokokosaals noch hervorgehoben wurde: Also trat der Bildungsauftrag und -anspruch auch schon in der Ausstattung deutlich hervor.

Es war kein Zufall, dass neben Architekturelementen wie Säulen, Regalen, Stuckaturen mit herzoglichen Monogrammen, auch Büsten und Gemälde neben den zentralen Bildungselementen, den Büchern, dem Besucher aufwarteten, der diesen Bildungstempel betrat. Es sollte jedem klar werden, wo er sich befand:

Bezüge sollten zwischen den sächsischen Herrschern, die im Portrait ebenfalls von Beginn an in den Räumen präsent waren, und zeitgenössischen Dichtern und Gelehrten aus Weimar und Jena, die sowohl im Portrait als auch als Büsten dort standen, hergestellt werden. Die Büsten kamen erst ab dem Beginn der 1780er-Jahre in den Raum. Dies bedeutet, dass Herzog Carl August das Programm seiner Mutter übernahm und förderte: Jetzt nämlich wurden eigens Büsten gefertigt, die die damals wirkenden Dichter und Gelehrten mit einbanden. Die Bibliothek zeigte also Autorenportraits in den damals möglichen medialen Formen und ihre Werke – hier war alles versammelt, was man wissen und wahrnehmen sollte. Jeder Bürger und auch Damen und Gymnasiasten, die nicht das Bürgerrecht hatten, weil sie kein Haus in Weimar besaßen, konnten hier ein Buch ausleihen.

Hier eine Auflistung der wichtigsten Büsten und Bildnisse im Rokokosaal:
Als Büste kann man im Rokokosaal Dante, Varnhagen von Ense, Tasso, Goethe gleich mehrfach, Schiller ebenso, Tieck, Schleiermacher, Händel, Beethoven, Napoleon, Lavater, Lessing, der Großherzogin Sophie, der Herzogin Louise, der Herzogin Anna Amalia und natürlich Wieland und Herder begegnen, dann den wichtigsten am Kulturleben des Herzogtums beteiligten Hofbediensteten wie von Seckendorff, von Einsiedel, von Knebel und Louise von Göchhausen.

Unter den Gemälden ist ein kleines besonders wichtig: von Johann Joseph Schmeller, *Goethe seinem Schreiber John diktierend,* von 1831. Es ist ein sehr gutes Beispiel für die Funktion des Rokokosaals über seine erste als Büchermagazin und Wissensspeicher hinaus, nämlich der nach dem Tode Herders, Schillers, Wielands und Goethes als Andachtsort zur Erinnerung an die klassische Zeit in Weimar.

Wikipedia Michak

Das Bild zeigt den Brandschaden an der Bibliothek, ca. 18 Stunden nach dem Ausbruch des Brandes.

Brandverluste Gebäude, Kunstwerke und Bücher

Insgesamt entstanden 2004 durch den Brand Verluste in Höhe von 70 Millionen €. Das Gebäude büßte das Dachgeschoss und die zweite Galerie des Rokokosaals von 1766 ein. Erst nach einer aufwendigen Trocknung konnte das Gebäude saniert werden. 40 Arbeitsplätze von Bibliotheksmitarbeitern waren nicht mehr benutzbar und mussten in unterschiedliche Räume der Klassik Stiftung verlegt werden, bis im Erweiterungsbau ab 2005 die neuen Arbeitsplätze zur Verfügung standen.

Im Februar 2005 hatte das Bundeskriminalamt seine Untersuchungen zum Brandgeschehen abgeschlossen. Eine korrodierte Klemmverbindung einer Aluminium- und einer Kupferleitung aus den 1930er-Jahren als Ausgangspunkt für einen Schwelbrand hinter einer Wandverkleidung wurde als Brandursache festgestellt, sodass dieser Brand lange schmoren konnte, bevor die Brandmelder Alarm schlugen.

Eröffnet wurde das sanierte Gebäude am 24. Oktober 2007. Die Sanierung kostete 12,8 Mio. €. Verteilt wurden die Kosten so: 5,9 Mio. € vom Bund, 4,9 Mio. € vom Freistaat Thüringen, 1,4 Mio. € von der Allianz Kulturstiftung, 0,4 Mio. € von der Deutschen Stiftung Umweltschutz und 0,2 Mio. € von der Deutschen Bundesstiftung Umwelt.

Kunstwerke: Bei der Durchzündung im Dachstuhl ging das Deckenbild *Der Genius des Ruhms* nach Annibale Caracci, kopiert in Dresden von Johann Heinrich Meyer, verloren. Dieses Gemälde war ein in enger Abstimmung mit Carl August und Goethe für das Römische Haus bestimmtes »Kunstprojekt«. Es sollte das Fürstenhaus und seine Kunstförderung glorifizieren, der Lorbeerkranz indessen auf die Dichter und Denker hinweisen, die im Saal gewürdigt werden. Des Weiteren gingen 35 Ölgemälde verloren, Portraits aus dem 16.–18. Jahrhundert, die auf der zweiten Galerie unterhalb des Dachstuhls hingen. Einen wesentlichen Brandschaden wies die Totenmaske Schillers auf, die jedoch nach dem Brand restauriert werden konnte. Für die Restaurierung von Kunstwerken und die Ersetzung der Werte der verbrannten Kunstwerke trat die Versicherung der Stiftung Weimarer Klassik ein.

Die Brandverluste an Büchern: Alles, was im Dachgeschoss und auf der zweiten Galerie der Bibliothek lag oder stand, ging verloren, insbesondere Werke des 17. und 18. Jahrhunderts, Barockliteratur und die Musikaliensammlung. Die Jean Paul-Drucke, ursprünglich eine fast komplette Sammlung von Erstausgaben, gingen ebenfalls in Flammen aus. 50.000 Bände an Verlusten stellen ein Fünftel des historischen Buchbestands bis 1850 aus dem zentralen Sammlungsprofil dar.

Weitere 62.000 Bände waren brand- oder löschwassergeschädigt, konnten aber nach Gefriertrocknung unmittelbar in ihre Regale zurückgestellt werden (etwa 1000 bereits Anfang Oktober) oder nach umfänglicher Restaurierung später.

120.000 Bücher mit Wasser, Hitze- und Brandschäden wurden erstversorgt und in Mullbinden nach Leipzig in das Zentrum für Bucherhaltung geschickt. Von den betroffenen Büchern waren 56.000 durch Ruß und Rauch geschädigt, 37.000 hatten Wasser- und Hitzeschäden. Hinzu kamen Bücher mit Löschschaumschäden sowie auch Bücher, die in Räumen mit DDT- und Lindanhaltigen Holzschutzmitteln und Pestiziden sowie mit Ruß und Schimmel gleichzeitig kontaminiert waren. Auch diese konnten im Zentrum für Bucherhaltung gereinigt und dekontaminiert werden.

Mehr als 10.000 vom Brand betroffene Bücher konnten durch Exemplare, dank Schenkungen oder Erwerbungen über Antiquariate weltweit, ersetzt werden. Dazu wurden Bestandsergänzungen aus dem Zeitraum 16.–18. Jahrhundert vorgenommen. Seit 2004 wurden fast 40.000 historische Bücher angeschafft.

Manfred Hamm

Restaurierungsarbeiten im Rokokosaal.

2007 schätzte man, dass drei Viertel der über 50.000 verbrannten Bücher langfristig wiederzubeschaffen wären. Für das Engagement privater Spender war die Einrichtung der Verlust-Datenbank der Bibliothek wichtig *https://haab.weimar-klassik.de/brandverluste/*, zu der jeder Interessierte Zugang hat und entnehmen kann, was vernichtet wurde und somit gesucht wird. Zwischen 2004 und 2021 wurden für die Restaurierung der Bücher insgesamt 20.2 Mio € eingesetzt, für die Ersatzbeschaffung von Werken und Sammlungen 10,9 Mio. €.

Öffentliche Hilfe und zivilgesellschaftliches Engagement

Schon am Tag nach dem Brand kam es zu einer Zusage über 4 Mio. € Soforthilfe aus Bundesmitteln.

Schnell zeichnete sich ab, dass der Umfang der Restaurierungsarbeiten eine sinnvolle Koordination gebot. So finanzierte die Deutsche Forschungsgemeinschaft zwei Expertentagungen, die die Restaurierung in einem europäischen Gremium von Spezialisten beraten sollten.

Die Deutsche Stiftung Denkmalschutz hatte ein Spendenkonto eingerichtet, woraufhin es zu 20.000 privaten Spenden kam. Hilfsangebote in- und ausländischer

IMAGO 0050933222

Ein Transparent wirbt um Spenden zur Finanzierung der Bauarbeiten, 2005.

Bibliotheken trafen ein. Zahlreiche Publikationen mit einem Spendenanteil im Buchpreis erschienen.

In Zeitungen, Fernsehen und dem Radio wurde Aufmerksamkeit für den Brand hergestellt. Das Medieninteresse hielt sehr lange an, ja steigerte sich noch im Laufe der Monate, da immer wieder die gerade erreichten Ziele und die noch zu bewältigende Spendenstrecke kommuniziert wurden.

Die Gesellschaft der Anna Amalia Bibliothek e.V. organisierte ein Spendenmanagement, begleitete oder hielt Vorträge, war bei Benefizaktionen präsent. Über die Jahre sammelte der Verein 2 Mio. € an Brandspenden.

Eine Auswahl wichtiger Benefizaktionen in chronologischer Reihenfolge:

— 4. September: Erstes Benefizkonzert von Nike Wagner (Kunstfest Weimar) mit Joshua Rifkin und The Bach Ensemble auf der Reithauswiese hinter der Bibliothek.
— 5. September: Benefizkonzert der Staatskapelle Weimar auf dem Weimarer Marktplatz unter Jac van Steen.
— 12. September: Benefizkonzert in der Weimarhalle.
— 19. September: Openair-Konzert der Zeitungsgruppe Thüringen auf dem Platz vor der Bibliothek.
— 24. Oktober: Konzert in Berlin im Theater am Gendarmenmarkt unter Teilnahme von Bundespräsident Horst Köhler. Die Staatskapelle Weimar spielte, die Moderation übernahm Roger Willemsen. Hier wurde ein großer Sponsoring-Vertrag mit der Allianz AG über 1,4 Millionen Euro zugunsten der Sanierung des Bibliotheksgebäudes geschlossen. Der Wolfenbütteler Freundeskreis der dortigen Bibliothek überreichte der Gesellschaft Anna Amalia Bibliothek e.V. einen Scheck über 10.000 Euro.

Eine Kampagne der Thüringischen Landeszeitung, initiiert durch Chefredakteur Hans Hoffmeister, wurde kurz danach zur Finanzierung der beschädigten Holzkapitelle mit Einzelteilen zu je 300 Euro ausgerufen – das Geld war nach zwei Tagen beisammen. Auch für zerstörte Teile der Holzbalustrade und für die Wiederbeschaffung zerstörter Dachziegel konnten Menschen mit kleinem Budget wirksam helfen. Diese Aktion war sehr erfolgreich. Die größte Einzelspende in Höhe von 5 Mio. € noch im Jahr des Brandes übergab die Vodafone Stiftung Deutschland in Berlin.

Das überwältigende Fazit des bürgerschaftlichen Engagements: 22.000 Personen, Vereine, Stiftungen und Unternehmen haben direkt oder indirekt den Wiederaufbau des Bibliotheksgebäudes und des historischen Buchbestands unterstützt.

Wikipedia Hajotthu

Rekonstruktion des 2004 durch den Brand zerstörten Deckengemäldes »Genius des Ruhms« von Johann-Heinrich Meyer, nach Annibale Carracci.

Restaurierung

Das Gebäude wurde durch Walther Grunwald im Zusammenspiel mit zahlreichen Firmen im vorgesehenen Zeitraum restauriert. Neue Baubefunde nach dem Brand brachten die ursprünglichen Farbgestaltungen an der Außenhaut sowie im Inneren zutage. Diese Farben wurden bei der Restaurierung verwendet, daneben der Echte Hausschwamm im Rokokosaal erfolgreich bekämpft und die alten Materialien Holz und Stuck Stück für Stück nach denkmalpflegerischen Richtlinien restauriert. Eine Mammutarbeit.

Die meisten der 37 brandgeschädigten Kunstwerke wurden im Laufe der Zeit restauriert. Bei den geschädigten Büchern wurden zahlreiche externe Buchrestauratoren herangezogen, europaweit waren bis 2013 21 Werkstätten von Estland, über Spanien und Ungarn bis Frankreich und der Schweiz eingebunden, dies betraf in erster Linie Bücher mit Einbandschäden. Für jedes Schadensbild am Buch wurde eine Musterrestaurierung angesetzt und diese auf auf die Mengen hochgerechnet. Während der Prozess der Restaurierung des Gebäudes nach drei Jahren abgeschlossen war und es danach sofort wieder besichtigt werden konnte, zog sich der Prozess der Restaurierung der brand- oder löschwassergeschädigten Bücher viele Jahre bis heute hin, und die Prognose lautet: bis 2028. Noch immer gibt es einige »Altlasten«, ca. 25.000 Bücherreste, die aus dem Brandschutt geborgen wurden und die vom Zentrum für Bucherhaltung in Leipzig den bis dato nicht bekannten Begriff »Weimarer Aschbücher« erhielten. Im Wesentlichen sind es nicht vollständig auf der zweiten Galerie verbrannte Bücher, die verkohlte Blattränder und teilweise verkohlte Buchblöcke aufweisen. Im Einzelnen durchläuft ein Aschebuch folgende Schritte seiner Wiederherstellung: Dokumentation,

IMAGO 0062127141

IMAGO 0091468382

Restaurierung der beschädigten Bücher in Weimar-Legefeld.

Vorbereitung für die Restaurierung, Nassbehandlung, Papierstabilisierung, Trocknung und Vorbereitung für den Konservierungseinband. Hierbei bleiben die Brandspuren weiter sichtbar, sind Teil der Objektgeschichte geworden. 1 Mio. Blatt sind bis 2022 restauriert worden, weitere 500.000 werden bis 2028 noch bearbeitet – die Werkstatt in Weimar Legefeld ist zu einer akademischen Lehrwerkstatt weiterentwickelt worden. Alle Abläufe dieses Mengenrestaurierungsprozess sind nach dem Brand der Bibliothek entwickelt worden, selbst die Faserzusammensetzung des Papiers für die Anfaserung, es besteht aus Baumwoll-, Hadern- und Hanffasern mit Mitsuma-Bastfasern.

Wikipedia Till F. Teenck

Der Bücherkubus des Studienzentrums, 2006

Ergebnisse

Der bereits 2003 ins Leben gerufene Notfallverbund aller Kultureinrichtungen Weimars wurde durch Ausweitung in andere Regionen weiterentwickelt. Als Antwort auf die Überreichung einer Denkschrift der wichtigsten Bibliothekare, Archivare und Museumsdirektoren Deutschlands an den damaligen Bundespräsidenten Horst Köhler am 28.4.2009 wurde eine Koordinierungsstelle für die Erhaltung des schriftlichen Kulturguts (= KEK) zur Bearbeitung nationaler Ereignisse ähnlicher Art gegründet. Mit vergleichbarer Zielrichtung war zuvor (2001) schon die Allianz zur Erhaltung des schriftlichen Kulturguts entstanden, ursprünglich, um gegen den Papierfraß an historischen Archivalien und Büchern vorzugehen. Sie ist ein freiwilliger Zusammenschluss von kommunalen, kirchlichen, gewerkschaftlichen, wissenschaftlichen und Firmenarchiven und -bibliotheken.

Andere im vergleichbaren Zeitraum eingetretene Katastrophen wie das Elbehochwasser 2002 und der Einsturz des Kölner Stadtarchivs 2009 taten ihr Übriges, um das Thema Vorsorge und Sicherung stark in den Fokus des Interesses zu stellen.

In Weimar selbst wurde im Februar 2007 deutschlandweit die erste Notfallvereinbarung zwischen den Kultureinrichtungen und der Stadt geschlossen, die gemeinsame Übungen aller Beteiligten in allen Einrichtungen und Schulungen hinsichtlich der modernsten Rettungs- und Brandschutzmittel vorsieht. Das Fazit: Notfallverbünde (also Zusammenschlüsse mehrerer Museen, Archive und/oder Bibliotheken auf lokaler oder regionaler Eben) in Städten mit bestandsreichen kulturellen Einrichtungen sind unverzichtbar. Die Verbundsmitglieder unterstützen einander mit Material und Personal bei der

Gonzalo Vitón García

Anna Amalia Bibliothek, historisches Fenster, Foto 2022.

Prävention und dem Erfahrungsaustausch, und sie kooperieren auf dieser Basis im Gefahrenfall vor Ort. Bereits vor dem Brand der HAAB war 2003 von der Klassik Stiftung Weimar die Initiative ausgegangen, einen solchen Notfallverbund von Museen, Bibliotheken und Archiven zu gründen.

Die Herzogin Anna Amalia Bibliothek, sowohl das historische Gebäude als ein Publikumsmagnet als auch das Studienzentrum von 2005 als eine extrauniversitäre Forschungseinrichtung und Veranstaltungsort der Klassik Stiftung Weimar hat eine doppelte Funktion. Einerseits zieht sie aufgrund der bekannten dramatischen Geschichte von 2004 jährlich Ströme von Besucher von nah und fern an und bietet andererseits Geisteswissenschaftlern mit dem Forschungsschwerpunkt in der Zeit 1750 bis 1850 gute Forschungsbedingungen.

Weitere Informationen zur Bibliothek und zu aktuellen Kennzahlen finden Sie auf der Webseite: *https://www.klassik-stiftung.de/herzogin-anna-amalia-bibliothek/die-bibliothek/profil/*